Alfred Graf

Geh weida, lach!

Witzgedichte
Gedichtwitze

Humorvolle Zeichnungen von Erich Fiedler

CIP-Titelaufnahme der Deutschen Bibliothek

Alfred Graf
„Geh weida, lach!“
2. Auflage, Trostberg, Verlag A. Erdl OHG, 2000
ISBN 3-925 249-49-4

Printed in Germany
Satz und Druck: Alois Erdl OHG, Trostberg
Adresse des Verfassers: Alfred Graf, Hochfellnstraße 11
D-83308 Trostberg, Tel./Fax 0 86 21/29 04

Vorwort

Gesellige Veranstaltungen entarten
zuweilen zu kulinarischen Wettkämpfen:

„Besser, feiner, exklusiver“,
heißt das Motto der Ausrichter.

Und die Gäste?

Werden sie immer wählerischer,
satter, gelangweilter?

Ob eine Feier gelingt oder nicht, hängt von vielem ab. Am wenigsten vom Geld.
Eine Leberkäsparty mit Witz, Schwung und Ideen, mit netten Menschen am Tisch kann nachhaltiger wirken als die teuerste Buffet-Sekt-Fete.

Ein guter Witz wird erst dann ein voller Lach-Erfolg, wenn er als kleine Gegenwarts-Szene vorgeführt wird:
Der Zuschauer erlebt das Geschehen leibhaftig.

„Gedichte mit Pointen“, Gedicht gewordene Witze sozusagen, sind ein bewährtes Hausmittel gegen Langeweile und Stumpfsinn.

Vorliegende Witzgedichte/Gedichtwitze sind zum Staadlesen und Vorlesen gedacht:

Lachen Sie für sich selbst und bringen Sie andere zum Lachen! Viel Freude bei beidem!

Ihr
Alfred Graf

Inhalt

Kindereien

Da Dackl von da Tante Mare

Da Lehra sagt mit ernstem Ton:
„Vorsicht vor der Infektion!
Dreck macht krank, denn Dreck ist giftig,
drum is 's Waschn gar so wichtig!

Waschn soits eich eire Pratzn
nachm Spuin mit Hund und Katzn,
denkts an d' Gsundheit, Hygeniii,
und busslts eire Viecher niii!"

„Herr Lehra", moant darauf der Kare,
„da ham S' recht! ...Mei Tante Mare
küsst den Dackl auf den Mund......
.......jetzt is er hi, der arme Hund."

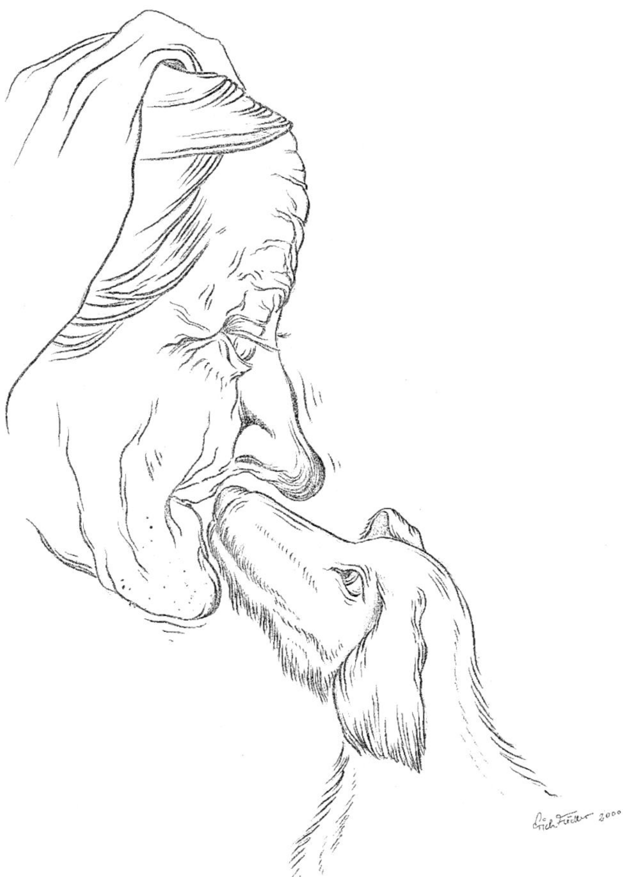

Aufs Mei gschaut

*Da Herr Schuirat kimmt in d' Schui
und hört de Kinder zua beim Spui.
Er daschrickt und bleibt glei steh,
er ko nimma weida geh:
De schrein si o, so wuid, so laut,
mit Ausdrück für a Ganserlhaut:*

*„Du Depp, du Aff, du bläde Sau,
du Rindviech, Arschloch, Hirnwauwau,
du Lalle, Ziefern, Hemadlenz,
du Bazi, Krattla, bläda Stenz,
du Blunzn, Lackl, Haberngoaß,
du Facke, Drecksau, oide Loas."*

*Da Herr Schuirat is ganz baff,
da schreit grad oana: „Oida Aff".
Und weida geht's, dees Schimpfa, Plärrn,
er beidlt si, konn's nimma hörn:*

*„Du Mistviech, Gmoadepp, Grantlhuaba,
du Bauerntrampe, depperts Luada,
du Doag-Aff, Ramme, du Schlawuzi,
du Lätschnbeni, Kruziwuzi,
du nixigs Bürscherl, gscherter Lackl,
du oide Schäsn, gwamperts Fackl!"*

*Jetzt werd's dem Schuirat langsam z' bläd,
wo bleibt denn die Be-neh-mi-tät?
Da geht's scho wieda weida,
jetzt woaß er's gwieß: De wern net gscheida.*

*„Du Bießgurn, Matz, du Flietscherl,
du Heigeign, gschlamperts Prietscherl,
du Grischperl, Dreckbär, Hodalump,
du Trampe, Lapp, du Waglhund,
du Duid-Aff, Siach, du bläda Hamme,
du Roßboinsammler, Nasnramme!“*

*Da... steht... der... Lehrer dieser Bande,
es is a Schand im ganzn Lande.
Da Schuirat sagt mit ernstem Ton:
„Herr Kollege, wissen S' schon,
der Umgangston in Ihrer Klass
ist ordinär und voller Hass.“*

*Da Lehra woaß net aus, net ei,
was kunnt da Grund dafür woi sei?
„Mei“, moant er, „i sags äh oiwei,
seids net so bäs, ees blädn Deife,
ees seids de Dümmstn ohne Zweife,
ees Zipfe, Schissa, Hockableiba,
ees Bauernfünfa, Facketreiba,
ees Nasnbohra, Meiaufreißa,
ees Deppn und ees Hosnscheißa.“*

*„I konn redn so... vui... i... wui,
de ganz Erziehung huift net vui:
De Krippe'n san so bläd, so gschert,
drum werd so umananda plärrt.
Es is a Kreiz - es is a Graus,
wahrscheinli liegts am Elternhaus.“*

I möcht an Globus ham

Da Schorschi hat Geburtstag boid,
was kunnt ma kaffa, was eahm gfoit?
Da Papa druckst so umanand,
da Bubi hat scho allerhand.

„Du, Papa, brauchst mi net lang fragn,
i möcht so gern an Globus ham.“
„An Klo-Bus möcht er, so a Witz,
dees is vielleicht a Geistesblitz!

Woaßt was: Jetzt red koan Stuss,
in d' Schui, da fahrst mi'm Bus,
aber aufs Häusl, auf das Klo,
fahrst net mi'm Bus......da gehst a so.“

Viechereien

Da Zamperl und da Has

Da Ernstl mit sei'm Wamperl
geht gassi mit sei'm Zamperl,
bleibt da moi steh und durt,
da is da Zamperl furt.

Da Zamperl springt ins Zoogeschäft
und bellt recht laut und knurrt und kläfft
und schwupps!... hockt er im Auslagfenster.
Dees Hasnmandl siehgt Gespenster.

Da Zamperl packt's beim Gnack ganz keck
und beidlt's ab und schmeißt's ins Eck.
Da Zoodirektor fuchtlt wuid:
„Was geht hier vor? Was werd da gspuit?"

„Nix werd gspuit. Oans sag i ungeniert:
Da Has hat 's Hunderl provoziert,
da Has hat o'gfangt — dees is gwieß,
sooo hat er zahnt mi'm Hasngfrieß."

Da Beamtnfressa

Z' Hellabrunn in Minga drobn,
da hat si moi a Löw vazogn,
da is amoi a Löw obghaut
und hat si moi de Stadt o'gschaut.

In d' Regierung is er gsprunga,
hat drei Beamte dort vaschlunga:
Vui Sitzfleisch und vui Wammerl,
so hockans drin im Kammerl.

Koa Kreiz, koa Rückgrat, meinersell,
an Schnapper — weg warns auf da Stell.
Und neamd hat's gspannt...
...im Haus ... im ganzn Land.

Er putzt sei Mei mit seine Tatzn
und duat a wenge nacheschmatzn:
„A Nachspeis waar fei gar net schlecht.
Nix Fetts, was Magers waar jetzt recht!"

Dees war sei Fehler - dees is wahr,
schnell war's mit da Freiheit gar,
schnell war er im Käfig gsessn,
denn er hat a Putzfrau gfressn.

De zwoa Fläh

Grad im Moment is d' Oper aus.
Es regnt. — Es pritscht. — Es is a Graus!
A Woiknbruch: Es giaßt ganz scheißlich,
und koit is's worn. De Leit friert's greislich.

De dickn Taxi stehngan draußt,
de Damen hat's d' Frisur zerzaust,
a paar, de hat's an Schirm umdraht,
a'm Gentleman an Huat vawaht.

Es is a Hetz! Juhei! Juhä!
Da kemman no zwoa dicke Fläh:
„Jetzt werd net greart, jetzt werd net gwoant."
Der Gscheida von de zwoa, der moant:

„Dees nasskoit Weda is net gsund,
i geh net z' Fuaß..... i nimm an Hund!"

De oide Goaß

Am Viechmarkt - sakra - da war's hoaß,
da Xare kaaft a oide Goaß,
a stinkats Viech mit lange Haar,
dem graust vor nix - es is scho wahr!

Er hängt's an' Strick und ziagt's hint nach,
ziagt's durchn Woid, ziagt's übern Bach
und überlegt de ganze Zeit:
„I hab koan Stoi.... Dees werd a Freid!"

„I hab's: De ko bei uns drin schlaffa,
ans Bett obundn —— da werd s' gaffa."
Er ziagt de Goaß - er gibt si Müah,
da...steht...sei...Oide vor da Tür.

„Ja, Xare, sag, bist narrisch worn,
was hat de Goaß bei uns valorn?
Mia ham koan Stoi, i werd no krank,
.....de Goaß ans Bett??? Denk an den Gstank!"

Da Xare gibt si jetzt an Rucka,
schaugts o...und sagt zu ihr ganz trucka:
„Brauchst net graunzn, brauchst net stöhna,
de Goaß, de werd si scho dro gwöhna!"

2000

2000

De musikalischen Löwn

A Künstler, der möcht Löwn maln,
net im Tierpark...draußn daats eahm gfalln.
Nach Afrika, in die Natur,
da fahrt er hin, da is er stur.

Sei Spezi hat an guadn Rat:
„Woaßt was, um di waar's ewig schad,
i woaß an Mo, der Geign spuit,
dann san die Löwn nimmer wuid.“

Tatsächlich: Der duat Geign kratzn,
da schleichans o wia Miezekatzn,
sie schnurren, schmeicheln lampefromm.
„Komm her! Gib 's Pfoterl, komm!“

Auf oamoi steht ein Rie-sen-vieh
de zwoa Künstler wiesawie.
Es macht an Schnapper: Aus. Vorbei...
mi'm Maln und dera Geigerei.

Gfressn sans mit Haut und Haar,
und mit der Kunst war's aus und gar.
„Dees hab i glei gwisst“, sagt der oa,
„da Dorat) wenn kimmt, der frissts alle zwoa.“*

**) der Schwerhörige*

Da Gockl is a wuida Hund

Beim Huaba, da hams Henner,
so gstroafte Italiener.
Da Gockl is a wuida Hund,
a oida Depp, koa junger Spund.

Der hockt am Zaun und duat recht wichtig,
er pludert si und krachzt unzüchtig:
„I bin a fescher Italiener,
i pack an Nachbarn seine Henner!“

Da Nachbar hört de Krachzerei
und hoit de größte Schaar herbei.
Er stutzt eahm d’ Flügl ruckezuck
und schmeißtn übern Zaun glei zruck.

Kaam is er weg, da wuide Bauer,
da hockt der Grupfte auf der Mauer:
„I bin a fescher Italiener,
i pack an Nachbarn seine Henner...

.......und nackert is’s vui scheener.“

’s Haserlwunder

Mit Kas und Radi und an Bier,
so hockans draußn vor da Tüa.
A Ratsch und dann werd Kartn gspuit...
„Warum bloß is da Hund so wuid?“
Er pretscht ums Haus, er springt ins Gras nei,
de Manner geht’s schee langsam nass nei.

Da schreckans auf: Um Himmelswuin,
da Hasso duat mi’m Haserl spuin,
mi’m Nachbarhaserl, pfüatdigott!
Er tragt’s im Mei. —— Aus!—— Mausetot.

Sie badn dees Haserl in da Wanna
mi’m guadn Schampu von da Mama
und föhnen’s dann allüberoi
und stelln’s ganz schnell in’n Hasenstoi.

Am nachstn Tag in aller Fruah,
da klinglt’s wuid — aus mit da Ruah.
Da Hasn-Mo, der arme Wurm,
steht vor da Tür und läutet Sturm:

„I brauch an Trost - i brauch an Schnaps,
mei Hirn lasst nach - i hab an Klaps:
D’ letzt Woch, da is mei Has varreckt,
i habn ei’grabn ganz vasteckt,
und jetzt - dees Wunder is so schee -
duat er ganz brav im Stoi drin steh.“

De gscheckert Kuah

Da Peter und sei Freind, da Bene,
vom Wirt ziagns hoam um hoibe zehne,
da Peter hat a scheene Kuah,
de lasst an Bene gar koa Ruah.

Da Bene fangt zum Benzn o:
„Geh weida, kimm, vakaaf ma's do!"
„Vakaffa? Na - dees konnst vagessn.
Da liegt a Rossboin, den muaßt fressn,
dann ghört da d' Scheck ganz umasunst
und...'s Rossboinfressn is koa Kunst."

Da Bene würgt, er huast, er gachezt,
er werd ganz grea, er speibt und achezt,
vadraht de Augn und würgt uijä
und hat dann plötzlich a Idä:

„I siehg dir's o ... di hat's scho greit,
de scheenste Kuah vo weit und breit...
Woaßt was....i gib dir s' wieda zruck,
wannsd' frisst den Rest vom Rossboinstuck."

Da Peter hat si net lang gmuckt:
Ruckzuck.......da Rossboin war vadruckt.

Da stehngas da, de scheena zwoa,
sie schaugn si o, dann sagt der oa:
„Sag bloß, mia san vom Deife bsessn,
warum ham mia den Rossboin gfressn?"

Da Großmaul-Langschwanz-Kurzhaxndackl

Was ist denn das? Was ist denn dies?
Was da schwanzlt in da Wies?
A Mordstrumm Viech, a so a Lackl!
„Dees is mei
Großmaul-Langschwanz-Kurzhaxndackl.“

A frecha Spitz, der hat si traut
und hat dees Viech von vorn o'gschaut.
An Schnapper macht's, und dann hat's zuckt,
und da Spitz, der war vadruckt.

Dann kommt ein fescher Dobermann
ganz nah an dieses Tier heran.
„Was ist denn das? -Was ist denn dies?“
Da war sei Kopf scho drin im Bieß.

Mit Blaulicht kommt die Polizei
zu dieser Hundefresserei.
„Was ist denn das? Was ist denn dies?
Dees Viech da mit'm großn Gfrieß?“

„Dees is mei Hund, a Mordstrumm Prackl,
mei liaba Großmaul-Langschwanz-Kurzhaxndackl.
Z' Ägyptn drunt, am grünen Nil,
nennans so was Krokodil.“

Im Woid
und
auf da Flur

Auf da Pirsch nach a'm Hirsch

*Da Leo geht heit auf die Pirsch,
a Preiß - sei Jagdgast - möcht an Hirsch.
So hockans drobn am Jagerstand
im Morgentau am Waldesrand.*

*Da tritt ein Prachthirsch aus'm Woid,
dem Leo werd's am Buckl koit.
„Pssst! Sei staad und hoit dei Mei!
Dees is da Schönst' im ganzn Gei,
Den... lass... ma ...lebn,
nicht schießen! Du verstehn?“*

*Da Preiß is ausnahmsweise staad.
Da scheene Hirsch, der hat si draht
und reckt si und vaschwindt im Woid.
Da hockans da. Es is eah koit.*

*Doch da schaug hi: Dees is koa Keibi,
dees is a bluatjungs Hirschnweibi:
Schlank und rank mit Sexappeal,
net wia 's Nashorn drunt vom Nil.
„Dees lass ma lebn, vastehst, hast ghört?“
Da Preiß, der hat si nimmer gwehrt.*

*„Pssst! Jetzt...kommt...ein...Invalid!“
Den rechtn Hax, den ziagt er mit,
a ausgfransts Ohr, a hoibats Gweih,
und sei Fell is voller Blei,
da Bläschl hängt eahm zweitest raus,
er schiaglt wuid..... es is a Graus!*

Da Leo gibt dem Preiß an Stesser,
da Preiß werd blass und oiwei blässer.
„Jetzt schiaß! ...... Net spater, sondern glei,
Auf den da ....schiaß i aa oiwei.“

Hasnfuada brocka

„Hoit! Bleib steh! Was duast du in mei'm Woid?",
schreit da Förster. Dem Hias, dem werd's ganz koit.
Er gackst und stottert ganz daschrocka:
„I...I...dua.....Hasnfuada.....brocka."

„Hasnfuada? - Red koan Schmarrn!
Baam liegn haufaweis am Karrn,
Hoiz stehln duast, du ausgschaamts Luada,
sag bloß, dees is a Hasnfuada!"

„I derf tot umfalln, meinersell.
I fahr jetzt hoam. Glei auf der Stell
kriagt dees da Has,— grad scheen is's —,
wann er's net frisst,.....verbrenn i's."

D’ Wuidsau

Da Peter is beim Schwammerlsuacha,
fast nix is da ... es is zum Fluacha.
Spinnwebn im Gsicht und ’s Kreiz duat weh,
er kriacht am Bodn, an Arsch in d’ Höh.

Da knackst’s. Da grunzt’s: Oi, oi. Ui, ui,
dees is koa Gaudi, is koa Gspui:
A Wuidsau, so a Mordstrumm Luada,
steht da .... und kimmt ganz langsam zuawa.

An Peter trifft jetzt glei da Schlag:
„Drei Jahr net beicht. — Es is koa Frag:
Da Deifi werd mi jetzt glei hoin.“
Er tapst in d’ Höh ..... und schaugt vastoin.

Und pretscht davo ois wia’r’a Has
durch d’ Staudn, Daxn, Blätschn, Gras
und d’ Wuidsau hintadrein, hopphopp,
dees is a echter Schweinsgalopp.

Da schmeißt’s an Peter bredlbroad,
da Wuidsau duat er jetzt scho load.
Da Peter woaß: „Jetzt muaß i sterbn.“
Sie schaugtn o und sagt zu eahm:

„Schaug net so deppert! Sei net zwider,
Geh weida, auf geht’s: Pack ma’s wieder!“

Da Manöver-Seppi

„Sie sind ein Baum! Sie sind ein Busch!
Ab an den Wald!................ Huschhusch!
Keine Bewegung, meine Herrn!
Disziplin.......so ham wir's gern.“

So plärrt da oide General,
alloa sei Stimm is scho a Qual.
Mi'm Fernglas aufm Jagerstand,
da siehgt und hört er allerhand.

Der Sepp, der is grad z'sammazuckt,
scho is da General o'gruckt
und schreit: „Man glaubt es kaum,
Sie haben sich bewegt, Herr Baum!“

„I war lang staad, Herr General,
fragn S' an Rudi, fragn S' an Karl!
A Mordstrumm Hund hat mi o'bieslt,
's warm Wasser is in Schuah nei'grieslt.

Dann hat a Liebespaar - vaschmitzt -
mia hint am Arsch a Herz nei'gschnitzt.
I hab mi ganz lang net bewegt,
der Schmerz, der hat si langsam glegt.

Zwoa Oachkatzl, so freche Luada,
de schwanzln dann zu mia ganz zuawa,
de schliafan mia in d' Hosn einer,
rechts und links, geht's no gemeiner?

Da sagt des oa mi'm großn Mei:
'De Nüssli da, de fress ma glei,
dees Zäpfli da, dees werd vasteckt.'

........Da hab i mi dann doch bewegt."

Blitz und Donner

Da Ferdl und de Kath, sei Wei,
de zwoa de san jetzt grad dabei,
am Woidrand woins spazierngeh heit,
a weng a Ruah - moi koane Leit.

Ganz gfährli ziagt a Weda auffa,
jetzt huift nix mehr, aa nimmer 's Lauffa.
Es pfeifn Blitz rundumadum,
da Ferdl schaugt si jetzt grad um:

Da haut a Blitz ei hinta eahm.
„Oha!“ so kann ma'n graunzn hörn.
A zwoata Blitz schlagt vor eahm ei.
Da Ferdl und sei fürchtats Wei,
de hockan si an Woidbodn nieda.
„No, no“, so brummt er laut und zwider.

A dritta Blitz, o Schreck, o Graus,
de Welt geht unter - oiss is aus -,
da dritte Blitz hat 's Wei daschlagn:
„Na oiso“, konn a grad no sagn.

Erich Fiedler
2000

Grenzpatrulje

In Östreich, an der Grenz zur Schweiz,
zwoa Grenzer - Mensch, es is a Kreiz -
de miassn heit Patrulje geh,
im Bergwoid drobn, z'höchst in da Höh.

„Ui, da schaug hi, da drobn am Baam,
da hängt a Mo - ma glaabt's ja kaam -,
der hat si aufghängt, dieser Lackl,
a Mordstrumm Mo, a so a Prackl.

Woaßt was, den schlepp ma net ins Toi,
der is uns z'schwar auf jedn Foi,
den häng ma umi in die Schweiz,
mia san net bläd, uns feit's im Kreiz."

Pause.

Zwei Schweizrrr Grenzrrr krrraxln rrrum.
„Luag, Blüntschli, da,.....da haut's di um,
mirrr fahrrrt drrr Schrrreck in meine Gliedrrr,
Mensch, da schaug hin: Da hängtrrr wiedrrr."

Oide Manner, scheene Weibaleit

Zum Sechzger

Zum Sechzger kimmt die guade Fee
zu ihr, zu eahm........ is dees net schee?
„Ees zwoa, ees habts an Wunsch heit frei,
was's eich wünschts, is einerlei.“

„I“, moant d' Gnä Frau, „i sags ganz cool,
i möcht a Haus am Meer mit Pool.“
„Zack“ macht's und dann „ruck“
und oiss is da ... und obn drauf Schmuck.

„Und nun zu dir, Herr Jubilar,
hast aa'r' an Wunsch, so klipp und klar?“
Er druckst so rum und schaugt vastoin,
„i hätt ganz was Bsunders woin:

I möcht gern...hm...Madame,...Cherie,
a Frau, de 20 Jahr jünger is wia'r'i.“
„Zack“ macht's - da war's scho gschehng:
da is er schnurstracks achzge gwen.

Jetzt woaß i's genau

Beim Kuacha mi'm Schlag,
da hab i mei Plag,
dann geh i auf d' Waag,
ganz gwieß ohne Frag:

Jetzt woaß i dees oa:
Für mei Gwicht bin i z'kloa.

Lenis Pech im Kirchenchor

Sonntag is's. Es is boid zehne,
da pressiert's da oidn Lene:
Eini in d' Kirch und d' Stiang empor,
denn sie singt im Kirchenchor.

Alle schaugns. Sie schnauft, sie achezt,
sie huast, sie räuspert, rotzt und gachezt,
sie möcht si schneizn, suacht im Tascherl
und da passiert's dem armen Hascherl:
Oiss fliagt aussa - kruzinäsn - :
Da flackt am Bodn de Zahnprothäsn.

„De muaßt ins Mei schiabn, liabe Lene,
sunst konnst net singa“, moant da Bene.
„Na“, sagt's, „dees san de Zähn vom Mo,
damit er 's Fleisch net fressn ko.“

D' Huaberin is achzge worn

*„Wia geht's da denn? Mei, guad schaugst aus!
Mach so weida - lass net aus!"
„Guad geht's - i werd oiwei gsünder,
dees Doktageh geht oiwei gschwinder.*

*Zwanzg wia'r' i war, hat's weida gfehlt,
da Dokta hat si vor mi gstellt,
hat gsagt: ‚Mei liabe, kloane Maus,
jetzt ziagst di zerscht moi nackert aus.*

*Dann is a um mi umadanzt,
er hat si fast sei Mei ausgfranst,
er tätschlt hint, er tätschlt vorn,
de Augn, de san ganz glasi worn.*

*Mit vierzge is's dann besser gwen,
er glangt kaam her - fangt o zum Redn:
‚Frau Huaba, ja dees hamma glei,
jetzt machan S' eahna oben frei!'*

*Er is dann huckabliem am Tisch
und kritzlt rum an so a'm Wisch,
dann schiabt er d' Bruin auf d' Nasn
und schaugt mi o ois wia'r' an Hasn.*

Sechzg wia i war - es war a Freid:
I war de Gsündest weit und breit:
‚Frau Huaba, Sie bleibn ewig jung.
Mund auf! Und zoagns ma eahna Zung!‘

Mit achzge bin i pumperlgsund,
a wenge scheps, a wenge rund.
Mei Dokta is a braver Mo,
der schaugt mi jetzt gar nimma o:
‚Frau Huaba, nimmst auf jedn Foi
de Puiverl da vom letztn Moi!‘ “

Henriettes Nilpferd

Es war amoi a guade nette
Tante, namens Henriette,
die geht ins Gschäft mit Viecherkram:
„Grüß Gott, i möcht a Nilpferd ham.“

„A Nilpferd woin S’ - i werd net schlau -
derf’s net was anders sei, gnä Frau?
Kanarienvögel, Bisamratzn,
Wellensittich, Siamkatzn,
Hamster, Marder, Fläh und Läus,
Turtltaubn und weiße Mäus,
Angorahasn, Papagei
und Zierfisch von da Mongolei...
vui hab i....Oans is wirkli bläd:
A richtigs Nilpferd hab i net.“

„I brauch a Nilpferd und sunst nix,
zum.....Bruadafuxn.....sappradix.
Mei Bruada, wissn S’, der is schlau,
der bsuacht mi arme, dumme Frau
und fragt mi aus wia in da Schui
nach Berg, nach Flüss, nach Regeln von a’m Spui.
Mia is’s scho z’dumm, mia is’s scho z’bläd,
oiwei bloß: ‚Dees woaß i net!‘
Dann fragt er no nach Prominenten,
nach Päpsten, Sportlern, Präsidenten.
Kurz: Es is a richtigs Gfrett,
oiwei bloß: ‚Dees woaß i net.‘

Oamoi im Lebn de Gscheida sei,
dees waar so schee, dees waar so fei.
Oamoi sagn: ‚Jawohl, das weiß ich,
die kluge Henriette heiß ich.‘

Drum möcht i mia a Nilpferd kaffa,
dees derf bei mir im Klo drin schlaffa.
Mei Bruada geht zum Biesln aussi
... und siehgt dees Nilpferd — schreckibaussi!

‚Ach, Henriette, weißt du schon,
ein Nilpferd sitzt auf deinem Thron!‘
‚Ein Nilpferd??? — Ja, das weiß ich.
Auf deine Fragerei, da scheiß ich!‘ “

Nachm Zahnarzt

Da Zahnarzt hat'n richtig gschundn
und hat eahm dann sei Mei zuabundn.
Oiss is pelzig, oiss duat weh,
vom Hirn drobn bis zur kloana Zeh.

Mi'm Bulldog fahrt er hoam zum Hof,
sei Oide - brav ois wia'r'a Schaf -
hockt hinta eahm und is ganz staad,
bloß nix redn, sunst werd er fad.

So rumplns flott durch Wiesn, Felder,
am Bach entlang und durch de Wälder.
Da kimmt vo hint a Karrn daher
und hupt ganz wuid. - Was wui der Bär?

Der is ganz aufgregt, zittert, schlottert,
er ko kaam redn, er gackst, er stottert:
„Du hast de Oid valorn! Hoit o!"

(schmerzverzerrt, sprachgestört:)

„So,... ausgrechnet heit,...
wo i net lacha ko."

Getrennt von Tisch und Bette

„Hast as scho ghört, was d' Leit so sagn,
brauchst bloß zuahörn, brauchst net fragn:
Da Schorsch und seine Henriette,
de lebn getrennt von Tisch und Bette.

D' Leit sagn's, – woaßt scho –,
da is dann meistns ebbas dro.
Mi'm Schorsch werds oiwei schlimmer,
aa essen konn er nimmer."

Zum Achzger

„Zwoa Überraschungen soist habn
zum Achzger, Lois, brauchst bloß no fragn:
A guade und a schlechte,
dees is für di dees Rechte.“

„Dann möcht i zerscht de guade hörn,
i bin scho gspannt, was werd dees wern?“
„De guade: - Hock di zerscht moi hin! -
...zum Achzger kimmt a.....Stripperin.“

Da Lois kriagt Augn ois wia’r’a Gockerl:
„A.....Stripperin.....mit.....ihre.....Nockerl!
Zu mei’m Geburtstag, so a Freid,
da kimmt a nackerts Weiberleit!“

„De zwoate Nachricht is net schlecht,
sie passt zu dir, is nur gerecht:
De Stripperin, - i hab’s im Gfui -,
ees wards mitnander in da Schui.“

Schein-Heiliges

An Bischof sei Papagei

Da Kölner Bischof fahrt nach Rom
zum Heilign Vater - woaßt as schon -.
Er hat ois Gschenk was Scheens dabei:
sein guadn, oidn Papagei.

„Herr Papst, i möcht die Klara bringa,
sie red't, sie bet't und konn aa singa.
Mei Klara is recht fromm, recht brav,
sie weckt mich täglich ausm Schlaf.“

Am nächstn Tag um hoibe achte,
de Klara räuspert si ganz sachte,
sagt höflich dann mit Vehemenz:
„Morgän, Herr Bischof! Morgän, Eminenz!“

Da Papst steht auf in Gottes Namen
und kratzt die ganz Geduld zusammen:
„Ich bin kein Bischof, bin der Papst.
Jetzt bist gscheiter... Gell, jetzt schnappst.“

„Morgän, Eminenz,“ krächzt d' Klara stur.
Dees klingt fast wia'r'a Treueschwur.
Da Heilig Vater kimmt in Zweife:
Is der Vogel da vom Deife?

Fünf Tag lang is's dees selbe Theater
mi'm Papagei vom Heilign Vater.
Da huift dann nur noch Konsequenz
gegn dees „Morgän Eminenz“.

Hiermit bestelle ich

◯ Exemplar(e)* von **„Weißblau und kreizfidel"**	◯ Exemplar(e)* von **„Geh weida, lach!"**

* Einzelpreis: 10,20 €

davon soll(en)

◯ Exemplar(e)* von	◯ Exemplar(e)* von

signiert sein.

Die Porto- und Versandkosten trägt der Autor Alfred Graf,
Hochfellnstraße 11, 83308 Trostberg, Telefon/Fax 0 86 21/29 04

Absender:

Bitte
freimachen

Name

Straße, Hausnummer

Postleitzahl Ort

Telefon

Herrn
Alfred Graf
Hochfellnstraße 11
83308 Trostberg

Da Papagei, der schaugt recht bläd,
wia da Papst zum Schrank hi geht.
Er ziagt si päpstlich o, der Mo,
er duat hoit, was a macha ko:
Beim hochn Huat, bei der Tiara,
da blinzlts so, die fromme Klara.

Sie schaugt'n schiaf und zweifelnd o
und hoit an Kopf zerscht so, dann sooo.
„Komm, Klara, sei schön lieb und brav!"
J e t z t ......dämmert's ihr:
„Kölle alaaf!"

Die feine Zirkusnummer

Da Julius, der is arbatslos,
er suacht a kloane Arbat bloß.
Beim Zirkus fragt er aa vorbei,
beim Herrn Direktor und sei'm Wei.

De ham a Blitzidä a gscheide:
„Mia brauchatn a Löwnweibi.
Varreckt is's uns de letztn Tag.
Fürs Mandl is's a rechte Plag,
so ganz alloa durchs Feier springa,
und da Domptör duat d' Peitschn schwinga.

Woaßt was, du schliafst ins Löwnfell
und hockst di aufi da aufs Gstell
und machst a Mandl, schleichst di uma:
Dees gibt a feine Löwnnumma."

Da Julius, der is net feig,
schliaft eini in dees stinkat Zeig,
er hat koa Zeit für vui Gebibber,
da hockt er scho im Raubtiergitter.

Der ander Löw, dees wuide Luada,
faucht und knurrt und kimmt ganz zuawa.
„Aus is's!!!" schreit der Julius,
„dees is mei End, dees is mei Schluss!
Jetzt geht's dahi - in Gottes Namen!"

Der ander knurrt:
„In Ewigkeit Amen!"

Duamanix)*

„Dua ma nix! Dua ma nix!“
sagt de jung Dirn zum Knecht.
„Klopf net so! - Sappradix,
bist doch koa Specht.“

„I dua da nix, dua da nix“,
sagt da Knecht zu da Dirn.
Jetzt liegt da kloa Duadanix
scho drin in da Wiagn.

**) tu mir nichts*

Lass dir's schmecka!

*Die Werbung is die Heilig Schrift,
sie is für uns a bsunders Gift
mit Buidl, Sprüch und tiefer Rührung.
'S Hirn setzt aus, das ist Verführung.*

*Pfuideifi konn i da bloß sagn!
Wosd' hi schaugst: Gift! Net zum Vatragn!
Oiss is gspritzt...... Das ist Kultur.
Bloß koa Natur.......Da samma stur.*

*Tomatn, Äpfe, Traubn, Birn,
dees geht net eini in mei Hirn:
Groß und gleich und rund und schee,
sunst lassns d' Leit im Steigerl steh.*

*Dees geht net eini in mei Köpfe,
oiss schmeckt gleich wia Plastik-Äpfe.
Sogar da Schweinsbratn is Attrappe,
und 's Gmias is lätschert, alles Pappe.*

*Vui Gift, vui Farb und dies und das,
am schlimmsten is da Dosnfraß:
Erbsen, Gulasch, Mandarinen,
oder kaaf dir Ölsardinen,
schau in d' Dosn auf'm Tisch:
lauter Öl ..... und tote Fisch.*

Dees fromme Löwnweibi

Der Missionar Ambrosius
geht zu de Heidn nur zu Fuß.
Er ist in sich versunken,
vom Gotteswort betrunken.

Da knackst's im Busch. Da staubt's - koa Frag,
den Missionar trifft fast da Schlag:
Dees is koa Reh, dees is koa Keibi,
dees is a Mordstrumm Löwnweibi.

Schmeißt an Kopf zruck, schnappt ganz wuid,
reißt 's Mei auf, knurrt und faucht und bruit.
„Jessasmaria, Himmepapa...
jetzt is's aus - jetzt macht's an Schnappa:
O, Herr, i daat dir's sakrisch danken,
Herr, gib eahm christliche Gedanken!"

Und da schaug hi: A Wunder gschiecht:
Die Löwin kriagt a ganz fromms Gsicht.
Sie kniat si nieda, foit de Tatzn,
schaut brav als wia'r'a Siamkatzn...

...und spricht:

„Komm, Herr Jesus, sei mein Gast
und segne, was du mir bescheret hast!"

Dorfdepp tratzn

Es hat si moi a oida Mo
auf d' Straß hi'gstellt und recht dumm do.
Er zittert, schaugt a wenge scheps,
da kemman d' Leit und gebn eahm ebbs.

Jeds Moi is dees de gleiche Freid
mi'm oidn Mo, weil's bei dem feit:
Sie hoitn eahm a Zehnerl hi
und a Fuchzgerl wiesawie.

„Geh, suach dir's außa, wasd' gern magst!"
Er ..... nimmt dees ..... Zehnerl und er gackst:
„Dees möcht i, weil dees grösser is."
Da lachans. Da vaziagns dees Gfrieß.

Drei Wocha lang deans Dorfdepp tratzn,
de Weiba, Manna und die Fratzn.
Dann endli kimmt a guada Spezl,
der schaugt lang zua..... und löst dees Rätsl.

„Mensch", sagt er, „sei doch net so bläd
und nimm dees Fuchzgerl, wann's scho geht!"

„Na", sagt er, „woaßt, i bin vui gscheider,
i ..... mach ..... mit ..... de Zehnerl weida.
Oamoi wann i dees Fuchzgerl nahm,
waar d' Gaudi aus..... und koana kaam."

Vom Suri
bis
zum Fetznrausch

Im Suri auf Safari

Da Max, da Toni und da Xari,
de san z' Australien auf Safari.
Mi'm Jeep geht's flott durch die Savanne,
bloß jetzt koa Pech, bloß jetzt koa Panne!

Grad lustig is's. „Gib 's Schnapserl her!
Fahr net so schnell, du wuida Bär!"
„Brems!", schreit da oa. Da is's scho z'spat:
A Känguru hams niedagmaht.

Da flackt's vorm Auto, rührt sie nimmer,
d' Augn vadraht's - es geht net schlimmer.
Da packn sie's beim Arsch, beim Kragn,
und drinna liegt's im Strassengrabn.

Und weida geht's, juchei, juchä,
da hat der oa a Blitzidä:
„Fahr zruck: Mia machan schnell a Foto,
dees is da Hauptgewinn beim Lotto."

Sie ziagn dees Känguru auf d' Strass,
die Pfötchen sooo ....dees is a Spass.
So loant's vorn an der Stoßstang dro,
da Toni ziagt eahm...'s Jopperl...o.

Sie liegn am Bodn und knipsen wuid.
Oana schreit: „Was werd da gspuit?"
Dees Känguru, dees duat an Nackler,
es beidelt si, es macht an Wackler.
Macht hopp, hopp, hopp,
weggg is's, witschsch im Schweinsgalopp.

„Bleib steh! Bleib steh, du hoibtots Luada,
mei Geld, mei Pass, 's Gebiss vom Bruada,
mei Ticket und mei Führerschein,
mir is zum Wimmern, is zum Schrein,
mei Impfpass und mei Reisevisum,
kruzifünferl! ... Kehr...doch...um!!!"

Nix. Alles Plärrn is da umsunst,
dees Känguru vaschwindt im Dunst.

Und wannsd' amoi da obi kimmst
und aa'r'an Jeep zum Leiha nimmst
und siehgst a Känguru mi'm Jopperl,
a so a putzigs Herzipopperl,
dees werd a wunderscheenes Foto,
dees waar da Hauptgewinn beim Lotto.

Tee mit Zitronensaft

*Um hoibe viere in da Fruah,
da Hingerl wankt sei'm Häusl zua:
„Mia is ganz damisch, is ganz iewe,
bringts ma'r'an Eimer, bringts an Kiewe!
Aus is's mi'm Saufa — jämminä,
ab heit, da trink i bloß no Tee,
denn Tee mit vui Zitronensaft
macht klare Augn und gibt a Kraft."*

*Sofort is er in d' Kuche gwankt
und hat si a Zitrone glangt.
Er pressts in d' Tee mit festem Druck
und sauftn zamm mit einem Schluck.*

*Dann stolpert er ins Schlafgemach.
Sein Tausendschatz, der werd jetzt wach:
„Jetzt leg di nieda und sei staad!",
keift sie, „sunst werd i glei no fad."*

*„Du, Oide," lallt er dann ganz süaß,
„du, sag, hat a Zitrone Füaß?"
„Geh, red koan Schmarrn und leg di nieda,
an Rausch hast, bsuffa bist hoit wieda!"*

*„Geh, Herzilein, mach koane Faxn
und sag, hat a Zitrone Haxn?"
„Jetzt lass ma endli moi mei Ruah
und leg di hi und deck di zua!"*

*Dem Hingerl werd's am Buckl kalt,
er rülpst, er röchelt und er lallt:
„Dann war dees, liabe Mari,
da...zitronengelb...Kanari."*

Brems ab! Bleib steh!

„Brems ab! Bleib steh! O mei, o mei,
schaug hi, da steht die Polizei!“
Da Rudi, der werd blass und blässer,
da Schwitz am Hirn werd nass und nässer.

„Mein Herr, was is denn gar so arg?
Mein Herr, Sie kriagn jetzt 1000 Mark,
weil Sie der tausendste jetzt san
auf diesem Stück der Autobahn.

Neigierig bin i scho,
was fangen S' mit dem Geld jetzt o?“
„Mei“, moant da Rudi, „das ist fein,
zerscht...mach i moi...an...Führerschein.“

Sei Oide fahrt eahm gach dazwischn,
ma hört s' bloß faucha, hört s' bloß zischn:
„Der wann bsuffa is, der Bär,
redt er oiwei so bläd daher.“

Von hintn keift die Oma wuid:
„Was werd da gredt, was werd da gspuit?
I hab's gsagt, i red koan Schmarrn,
mi'm gstoina Auto soist net fahrn!“

Der Polizist weicht zwoa Schritt zruck
und inspiziert jetzt Stuck für Stuck.
Da geht da Kofferraum staad auf,
– das Schicksal nimmt jetzt seinen Lauf –,
von drin raus fragt da brave Lenz:
„San ma scho da? War dees de Grenz?“

Da Sepp geht aufs Oktoberfest

Da Sepp geht aufs Oktoberfest,
er moant: Zerscht schiaßn waar dees Best.
Er geht zum Schiaßstand und bleibt steh:
„'s Gwahr her: Muaßt auf d' Seitn geh!"

„Bätsch!" duat's. „Hauptgewinn, mein Herr!
Da kriagst an großn Teddybär."

Und auf ins Bierzelt — holdrio!!!
Er sauft a Maß - es zischt bloß so.
Jetzt muaß aa no a Schnapserl her,
fürn Sepp und seinen Teddybär.

Dann...is...er...stark. Es schwillt die Brust:
Aufs Schiaßn hat er no moi Lust.
„'s Gwahr her!" sagt er mit Zungenschlag.
Da macht's scho „peng" — es is koa Frag:
„Da Hauptgewinn - mei liaba Mo - ,
a Flaschn Schnaps — wer ko, der ko."

Und jetzt werd's lustig – dirideine,
mi'm Schnaps, mi'm Bärn geht's wieda eini.
Er dudelt Bier. Er dudelt Schnaps,
da Bär kriagt Bussi und an Klaps:
„Oides Haus! O Bussi, Baussi,
jetzt geht's no moi zum...Schiaßn...aussi."
„'s Gwaaahr her!" lallt er und schwankt dabei
und ... trifft... aa....no!!! O mei, o mei!
Der Heiptling von dem Schützenstand
gerät jetzt außer Rand und Band.

„Was soll i bloß dem Bsuffan gebn?
....ois Hauptgewinn? I werd plemplem.
I hab's: A Schuidkröt is ma grad zuaglaffa,
de werd i in sei Jopperl schaffa."

Gesagt. Getan. Da Sepp is froh,
er schaugt den Hauptgewinn net o
und schwankt scho wieda — braucht vui Platz —
zum Bier, zum Schnaps ... mi'm Teddy-Schatz.

Jetzt schaugt er glasig, torkelt, wankt,
am Schützenstand der Heiptling bangt.
„'s Gwaaahr heeer!" lallt er, schiaßt und trifft,
da Heiptling fast in d' Hosn schifft:
„Hauptgewinn und freie Wahl,
was möchstn ham? — Es is a Qual."

„Dees is mir wurscht. Oiss nehm i,
bloß nimmer.... so.... a.... harte.... Semmi."

Nichtshabende und Wohlhabende

Da Party-Dackl

A Wohlfahrtsparty is net ohne:
Heit fress ma für die Sahel-Zone.
De Arma in da Drittn Welt,
de ham nix z'beißn, ham koa Geld,
drum stell ma so a Körberl auf,
für d' Spendn — woaßt, da schrei'm ma drauf:
„Brot für die Welt — die Wurscht bleibt da,
Leit, schlagts eich voi für Afrika!"

Dees is koa Schmarrn, dees is koa Schmäh,
dees Beste is a koits Bifä:

Presssack, Kiwi, Leberkaas,
hint vo China dies und das,
Bismarckharing, Marzipan,
a scharfe Soss vom Dschingis Khan,
Emmentaler, Mousse-Schoklad,
Essiggurken, Marmelad,
Vanillesoss und saure Schwammerl,
Radi und a gräucherts Wammerl,
Haxn von da toten Sau,
große Trauben weiß und blau,
Zwetschgendatschi, Zungenwurscht,
gsunde Safterl gegan Durscht.
Da hint, da is da Tisch ganz schwar
vor lauter Lachs und Kaviar.
Himbeer-Eis und sauers Züngerl,
Parmesan und gräucherts Züngerl,
Krautsalat und Weinbergschnecken:
Alle schmatzen, alle lecken.

Und alles für de armen Deife,
dees is a Opfer... ohne Zweife.
A guada Mensch, der überwindt si,
der plagt si ab, der schwitzt, der schindt si.

Und da passiert's — o Schreck, o Graus —:
Da Kaviar is plötzli aus!

Zum Glück hat's bloß da Chefkoch gspannt.
Er hat vastoin in d' Joppn glangt
und straat ganz listig auf dees Brot
a grössers Priserl von dem Schrot.

Und alle mampfens zünfti weida
und koana bleibt a Hungaleida.

Dann werd schnell gspendt im Außigeh.
Da Moser Toni bleibt no steh,
er buckt si und duat d' Schuah zuabindn.
Beim Bucka muaß er si recht schindn,
er lasst oan fahrn mit Hochgenuss...
da macht's an Schnalzer wia'r'a Schuss.

Da Dackl hinta eahm is tot,
dees war dees Lachsbrot mit'm Schrot.
So hat die Wohlfahrsparty - Prost! -
zum Schluss doch no a Opfer g'kost!

A feiner Pinkl

*Da Otto is a feiner Pinkl,
a kloana Protz mit Standesdünkel.
A wenge o'gebn konn net schadn,
drum hat er seine Freind ei'gladn.
Er führt sie stolz durchs ganze Haus:
„Schaugts her: I leb in Saus und Braus.“*

*Riesenbuidl, Marmorweiber,
echte Perser, Mannerleiber,
Gummibaam und gstoine Engerl.
„Dees is a Beichtstui, warts a wengerl,
dees is mei Bar - da gibt's nix z'lacha -
mit Bier, mit Wein und scharfe Sacha
dua i an Deifi da austreibn.
Woits net a wenge hocka bleibn?
An Obstler und a Pils?“
Alle saufen — Otto will's.
So schaugns sie sich dees goldne Klo
aus innerm Drang hoit aa no o.*

*Zum Schluss, da trumpft er richtig auf,
er führt s' zum Prunkgemach hinauf.
„Es is a Wahnsinn“, sagt da Hias,
„a ganzer Woid voi Tropngmias:
Baam und Staudn, Bleame, Gras,
Blätschn, Wurzeln und a Has,
ausgstopft hockt er hint im Eck:
Es is a Wahnsinn, ja varreck!“*

Und drobn auf da Plastik-Mauer,
da hockt a Tigerviech auf Lauer.
„Den Tiger da von Eschnapur,
selber gschossn — arme Kreatur!“
„Und da, dees Riesenkrokodil?“
„Selber gschossn — drunt am Nil.“

„Ja, Otto, schaug, was hängt da vorn?
A Menschnkopf — sag, bin i deppert worn?“
„Dees is mei Schwiegermuatta selig,
de war so reich, de war so gsellig.“
„De lacht di aus, mei liaba Otto!“
„Na,........de hat gmoant, i mach a Foto.“

D' Viecher vom Graf Bobby

Graf Bobby landet sanft in Wien,
er war in England bei der Queen.
Da Johann steht in Schwechat drauß,
begrüßt sein Herrn und fahrtn z' Haus.

„Na, Johann, jetzt verzähl, schiaß los!
Gibt's was Nei's? Sag, is was los?"
„Nix is los..... Oiss is okä,
bloß da Hund,...da Hund,...da Hund, ujä!"

„Was is mi'm Hund? So red do glei,
gacks net so rum, verziag net 's Mei!"
„An Hund hat's draht und niedagstreckt,
a Stünderl drauf war er varreckt.

Er muaß was ghabt ham mit'm Magn,
sunst hätt er 's Rossfleisch doch vatragn."
„Wiaso a Rossfleisch? Spuck di aus!
Mia ham koa Rossfleisch net im Haus."

„Ja, i hab gmoant, dees Fleisch waar besser,
dees Fleisch von de vabrenntn Rösser."
„Vabrennte Rösser? Bin i bläd?
Drucks net so rum, geh weida, red!"

„Ja mei, de Rösser san vabrunna,
wia 's Feier is an Stoi num gsprunga."
„A Feier, sagst. Mi trifft da Schlag!"
„Es war da Ministrant – koa Frag –,
der hat net aufpasst mit da Kerzn,
bei dene Vorhäng derfst net scherzn."

„Ja, Johann, jetzt verrat mir bloß,
wia kimmt a Ministrant ins Schloss?“
„Den Ministrant ham ma net gwoit,
an Herrn Pfarrer ham ma ghoit.

Er soit schnell zum Herrn Vadda gehn
und eahm die letzte Ölung gebn.
A Schlagerl hat’n gstroaft, den Mo,
wia d’ Gnä Frau ... mi’m Kutscher is davo.“

Reich worn

„Ja, Wiggerl, hast im Lotto gwunna,
is 's Geld vielleicht ins Dach rei'grunna:
A Mordstrumm Auto, Haus und Yacht,
geh weida, sag, wia hast dees gmacht?"

„Mei, woaßt, dees war a langer Weg,
mit Schwitz am Hirn, d' Händ voller Dreek,
reich konnst net wern bloß mit de Händ,
bisd' schaugst, hast d' Zeit und Kraft vaschwendt.

Ujä, na na, pfüagott, guadnacht,
dann hab i ganz was anders gmacht:
Hab Gmias vakaaft und oide Radl,
Safterl, Salbn für gsunde Wadl,
vom Bio-Bauern Butterschmoiz,
Oar und Ruam und frischgschlongs Hoiz.
Recht vui war net vadient dabei,
's glangt net fürs Wamperl, net fürs Mei.

A Blitzidä, dees war mei Retter,
da Geldsack wurde fett und fetter:
Alle Tag in aller Fruah,
da is's jetzt aus mit meiner Ruah:

I geh zum Markt mit meine Taubn,
schnell sans vakaaft, ma möcht's net glaubn.
Briaftaubn vakaaf i Tag für Tag,
auf d' Nacht sans wieder zruck im Schlag."

Rückblick

Kurz-Witze

„Papa, heiraten auch Kamele?“ „Nur Kamele heiraten.“

*****

Sie: „Ich liebe dich. Liebst du mich auch?“ -
Er: „Ja, dich auch.“

*****

Mann klopft an Klo-Tür: „Schnell, ich hab Durchfall!“
„Saaans froooh!“

*****

Moser: „I hab drei Russn gfanga.“
- „Brings her!“ -
„De lassn mi ja net aus.“

*****

Was ist das:
Es hat 1000 Zähne und 4 Beine? Antwort: ein Krokodil.
Was ist dann das:
Es hat 1000 Beine und 4 Zähne?
Antwort: der Umzug vom Veteranenverein.

*****

Zwei Haie sehen Surfer auf „österreichischem Meer“.
„Schaug hi, da kimmt unser Brettljausn!“

*****

Schnelle Kopfbewegungen von rechts nach links:
„Ich trainier fürn Nürburgring“.-
Montags drauf: „Scheiße, de san sooo rum gfahrn.“

*****

„Heit hab i mein Leberwurscht-Tag.
Heit is ma mei Leber wurscht.“

*****

„Was, dees soin schwarze Johannesbeern sei, de san ja rot.“
„Ja, weils grea san.“

*****

Wer lang lebt, kann leicht oid werdn.

*****

Ein nackter Liliputaner geht über die Lüneburger Heide.
Er flüstert: „Lass das, Erika!“